LÉO MELLIET

L'IMPOT SUR LE REVENU

En Angleterre

Prix : 20 centimes.

MARMANDE
Chez l'Auteur et chez tous les Libraires et Marchands de Journaux.

PARIS
Bureaux de la **Petite République**
12, Rue Paul-Lelong, 12

BORDEAUX
IMPRIMERIE DU MIDI
91, Rue Porte-Dijeaux, 91

1898

Bien à vous
Léo Melliet

L'IMPOT SUR LE REVENU

En Angleterre

Introduction.

La question de l'impôt sur le revenu a pris en France une telle importance qu'elle promet d'être, dans la plupart des circonscriptions rurales, le terrain sur lequel se livrera surtout la grande bataille électorale de 1898. Non pas que cette question soit par elle-même d'une importance qui prime toutes les autres, mais parce que, depuis la chute du Cabinet Bourgeois, le projet Doumer n'a cessé de passionner au plus haut degré l'opinion et d'être le grand sujet de discussion jusque dans les hameaux les plus reculés.

On peut donc dire, sans exagération, que pour la grande majorité des électeurs des campagnes les prochaines élections générales se feront pour ou contre l'impôt sur le revenu. Tous les partis l'ont d'ailleurs si bien compris que, tandis que tous les candidats avancés (progressistes, radicaux, radicaux-socialistes et socialistes) sont d'accord pour voter l'application immédiate de l'impôt sur le revenu, tous les soutiens de la politique méliniste, toute la gamme des candidats ministériels, réactionnaires de tout poil, noirs, blancs ou rouges, depuis le clérical bois d'ébène jusqu'au plus écarlate des soi-disant républicains de gouvernement, tous, sauf quelques rares exceptions, se gardent bien de se présenter comme adversaires de cet impôt. Au contraire, ils en reconnaissent la justice en principe, et toute leur opposition se borne à en nier les avantages et à le repousser à cause des inconvénients de son mode d'application.

Puisque tout le monde est à peu près d'accord sur le principe, il n'y a donc point lieu de défendre ici la théorie d'un impôt qui existe dans tous les pays civilisés d'Europe et d'Amérique et qui n'a pas même en France le mérite de la nouveauté. En effet, nous voyons, dès la fin du XIIe siècle, presqu'à l'origine de la dynastie capétienne, sous Louis VII et Philippe-Auguste, le Trésor royal prélever *une partie des revenus* des particuliers, lesquels, sous la foi du serment, sont tenus d'en faire la déclaration. Plus tard, sous Henri IV, réglementation de cet impôt. Puis nous le voyons préconiser par Vauban, et enfin, en 1710, paraît un édit établissant un impôt du dixième sur les revenus et profits des agents d'affaires, commerçants et autres faisant valoir leur argent. Cela montre, entre parenthèses, que, sous l'ancienne monarchie, nobles ducs et hobereaux de province n'avaient pas la même horreur qu'aujourd'hui de l'impôt sur le revenu. Peu leur importait le mode d'application, tant que l'impôt, global ou non, n'atteignait que les roturiers. Ils n'avaient garde de crier à l'inquisition.

Car c'est là leur grand cheval de bataille, — impôt inquisitorial. — Il semble, en vérité, que les autres impôts ne le soient pas, inquisitoriaux. Allez donc demander à ceux qui font des déclarations de succession si les droits d'enregistrement ne constituent pas un impôt inquisitorial; — aux planteurs de tabac si l'inquisition est un mythe pour les vérificateurs de culture, — aux traitants et débitants si c'est pour leur demander des nouvelles de leur santé que les rats-de-cave ont la manie de venir leur pousser de petites visites, — aux contribuables de toute nature si les employés d'octroi n'ont pas d'autre fonction que de faire des compliments et de souhaiter la bienvenue aux gens qui entrent en ville! Et les patentes? Et les portes et fenêtres? Et les allumettes? Citez-moi donc un seul impôt qui ne soit pas inquisitorial.

L'objection n'a pas, d'ailleurs, paru si concluante, après tout, puisque les braves opposants de l'impôt sur le revenu se sont empressés d'en chercher une autre; hâtons-nous de dire qu'elle a encore moins de valeur. S'emparant du chiffre imposable énoncé comme minimum dans le projet Doumer — 2.500 fr. — on a essayé de démontrer que presque tout le monde, en France, gagne 2.500 fr., et pour obtenir ce chiffre, on n'a pas eu peur d'englober toute la famille, depuis l'aïeul cacochyme jusqu'à l'enfant à la mamelle. Il n'y a pas de sophisme, pas de mensonge auquel ces *honnêtes gens* n'aient eu recours pour essayer de donner le change à la *canaille* autrefois *taillable* et *corvéable*, aujourd'hui *contribuable*, et toujours *payante à merci*.

Les arguments ne me manqueraient pas pour réduire à néant de pareilles allégations, mais je préfère y répondre par des faits. A un pyrrhonien qui niait le mouvement, un philosophe grec répondit en marchant. Une monographie de l'impôt sur le revenu, tel qu'il existe en Angleterre, répondra victorieusement aux deux objections. En montrant sur quelle base il repose, je réfuterai la seconde ; en expliquant de quelle façon il se perçoit, je démolirai la première.

II

Première application de l'impôt.

Depuis 1842, l'impôt sur le revenu a été, en Angleterre, une institution permanente ; mais ce serait une grave erreur de croire que son application ne date que de cette époque. Il a, en réalité, près d'un siècle d'existence, et fut appliqué pour la première fois en 1799, sur l'initiative de William Pitt, peut-être le plus grand ministre qu'ait eu l'Angleterre.

C'était l'époque des grandes guerres de la Révolution, et l'Angleterre, engagée dans sa lutte contre la France, lutte qui devait durer un quart de siècle, voyait sa dette publique, déjà bien accrue par les dépenses de la guerre de l'indépendance américaine, s'accroître dans des proportions formidables. De *six milliards* en 1793, elle arriva à *vingt-deux milliards et demi* en 1816, empruntés dans des conditions désastreuses. Car, en Angleterre comme en France, les classes fortunées ont le monopole du patriotisme et le revendiquent d'autant plus qu'elles se le font payer plus cher. Si la dette est *publique*, leur argent est privé, et leur patriotisme à 5 0/0 ne leur permet d'en disposer qu'à bon escient. On s'en fera une idée par les chiffres suivants :

De 1793 à 1801, la moyenne de l'argent payé pour l'obtention d'un *consol* ou titre de rente anglaise 3 0/0, fut de 57,85 pour cent de la valeur nominative du titre, et de 1802 à 1816, de 60,85 pour cent. En 1798, l'acquisition du titre de rente tomba même un instant au-dessous de 50 0/0 de sa valeur nominative, puisque pour un emprunt spécial de soixante-quinze millions (£ 3.000.000), tout prêteur de *cent* livres sterling (2.500 fr.) reçut un titre de *deux cents* livres sterling (5.000 fr.) de rente 3 0/0, avec annuité additionnelle de cinq schellings (6 fr. 25), ce qui représentait un intérêt réel de 6 1/4 0/0 avec promesse de remboursement du double du capital prêté.

Pour faire face aux charges nouvelles que nécessitait le service d'une dette toujours croissante, Pitt imagina de nouveaux procédés de taxations, entre autres l'impôt sur le revenu. Appliqué pour la première fois en 1799, il frappait tous les revenus atteignant 1.500 fr. (£ 60). On voit facilement par là que l'impôt sur le revenu n'est pas en soi nécessairement un impôt démocratique, puisque, à l'origine, il ne fut imaginé que pour garantir le capitalisme anglais en mettant à contribution le petit commerce, la petite industrie et les professions libérales. Aussi ne fut-il pas populaire.

Modifiée une première fois en 1803, après la paix d'Amiens, par Addington, membre du ministère Pitt, la loi reçut encore quelques légères modifications en 1806, après la mort de Pitt, sous le ministère Grenville et Fox, ou ministère de *tous les talents*. Mais, hâtons-nous de le dire, grâce à son impopularité, elle ne reçut qu'une application temporaire, et elle était si bien tombée dans l'oubli, qu'en 1842, l'impôt sur le revenu fut considéré par le plus grand nombre comme une innovation, lorsque la loi fut proposée par sir Robert Peel, alors chef du Cabinet conservateur.

Seconde application de l'impôt.

Ce grand ministre, déjà célèbre et populaire par l'abolition des droits sur les céréales votée en 1838, se trouvant de ce chef, en 1842, en présence d'un déficit de £ 2.570.000 (61.250.000 fr.), ne vit pas d'autre moyen de conserver à sa réforme son caractère populaire, que d'en faire supporter les frais aux classes fortunées. C'est à l'impôt sur le revenu qu'il demanda le surplus qui lui manquait. Il se heurta d'abord à une forte opposition de la part du petit commerce et de la moyenne industrie, mais réussit enfin à obtenir, j'allais dire à acheter, leur acquiescement par deux mesures éminemment démocratiques : 1° l'élévation du chiffre du revenu minimum qui devait être exempt d'impôt; 2° l'abolition ou la réduction de charges onéreuses et vexatoires qui pesaient sur plus de la moitié — 750 sur 1.200 — de divers produits passibles d'un droit de douane.

Ainsi, par un curieux retour des choses, en moins d'un demi-siècle, l'impôt sur le revenu, imaginé pour assurer la garantie de la nation à un privilège capitaliste, se transformait en impôt démocratique, garantissant le développement d'une réforme populaire en lui assurant le concours financier de la classe bourgeoise. On dit, je le sais bien, que les comparaisons sont odieuses, mais, néanmoins, je ne saurais m'empêcher de rapprocher la conduite des conservateurs anglais de 1842 de celle des conservateurs français de 1872 et 1896.

En 1842, pour faire face au déficit, sir Robert Peel, chef d'un Cabinet conservateur, ayant à choisir entre divers projets d'impôts, réussit, malgré l'opposition libérale, à faire adopter un projet d'impôt qui ne frappe que les classes dirigeantes. En 1872, Adolphe Thiers, chef libéral d'un Cabinet dit libéral, faux président d'une république sans républicains, ayant une occasion unique de frapper les classes dirigeantes au nom du patriotisme, ne songe qu'à leur donner une nouvelle occasion de s'enrichir en écrasant d'impôts la « vile multitude ».

Bourgeois patriote, mais avant tout patriote bourgeois, il ne trouve pour libérer le territoire que des moyens qui font la plus grande joie de la finance et la plus grande misère du peuple.

Aux bourgeois, il offre l'emprunt de cinq milliards à 40 0/0 de prime, — titre de 100 fr. pour 60 fr.; — au peuple l'impôt sur les produits de consommation usuelle, de tout ordre et de toutes sortes, café, chicorée, sucre, huiles, bougies, acides, allumettes, transports par chemin de fer, patentes, etc.

En 1896, après vingt-sept ans de république menteuse et bâtarde, un ministère radical, désireux d'alléger en France des impôts rétrogrades qui sont la honte d'une nation civilisée, demande timidement aux classes aisées 150 millions au lieu de 400 qu'on leur demande en Italie et en Angleterre. Il tombe devant une coalition d'intérêts bourgeois représentés par un Sénat soi-disant républicain, et une moitié de la basse Chambre dirigée par d'anciens gambettistes. Faudra-t-il donc envoyer nos hommes d'Etat républicains à l'école de la monarchique Angleterre pour leur apprendre l'art d'équilibrer les charges publiques ?

Car, ne nous le dissimulons pas, malgré toutes les affirmations contraires de gens intéressés à le combattre, l'impôt sur le revenu, même imparfaitement appliqué, est avant tout, à l'heure présente, un impôt d'équilibre social, atteignant la richesse dans sa manifestation et la frappant d'un droit proportionnel au privilège qu'elle exerce dans la société, lui demandant de payer sa place suivant le rang qu'elle occupe au banquet de la vie sociale.

Pour s'en convaincre, il n'y a qu'à lire les points les plus saillants du projet de loi de sir Robert Peel.

III

Assiette de l'impôt.

L'*Income Tax Bill,* ou loi de 1842 sur l'impôt sur le revenu en Angleterre, divise les revenus en cinq classes, correspondant à cinq cédules : A, B, C, D, E.

1. *Cédule A*. — La cédule A comprend tous les revenus provenant de la propriété immobilière. Pour les terres, la valeur imposable est calculée d'après le fermage ou le rendement annuel; pour les maisons, d'après le loyer ou la valeur locative.

2. *Cédule B*. — La cédule B comprend tous les revenus provenant de l'exploitation du sol, et s'applique aux fermiers, les très rares propriétaires qui dirigent une exploitation agricole ayant à déclarer leur revenu sous la cédule A. Le revenu des fermiers est calculé d'après le prix du fermage annuel, tel qu'il est mentionné dans leur bail. Mais cette évaluation n'est que préliminaire et approximative, tout fermier pouvant obtenir une réduction en fournissant la preuve que le revenu de son exploitation a été inférieur à

l'évaluation moyenne calculée d'après le montant du fermage. D'autre part, si le revenu de son exploitation est supérieur à cette moyenne d'évaluation, il échappe à toute surcharge, l'Etat s'interdisant d'avance toute aggravation d'impôt pendant la durée du bail, laquelle est généralement de dix-neuf ans.

L'Etat a cru devoir recourir à cette méthode d'évaluation pour obvier, soit à la répulsion des fermiers pour tout ce qui concerne la tenue des livres, soit à leur incapacité de tenir des écritures régulières. Mais depuis 1842, et surtout depuis 1871, année où fut votée la loi sur l'instruction gratuite et obligatoire, le niveau intellectuel de la nation s'est constamment élevé, et aujourd'hui les comptes d'exploitation d'un très grand nombre de fermiers sont aussi bien tenus que ceux d'une maison de commerce. Ce nouvel état de choses a amené une modification de la loi de 1842 et, depuis 1887, tout fermier a le droit, s'il y trouve avantage, de faire sa déclaration de revenu conformément à la cédule D, avec cette réserve que l'évaluation résultant de cette déclaration couvre trois années consécutives.

3. *Cédule C.* — La cédule C comprend les revenus provenant du paiement d'intérêts ou coupons sur toutes valeurs d'Etat, nationales, coloniales et étrangères.

4. *Cédule D.* — La cédule D renferme six classes. Dans la classe I sont compris les bénéfices industriels, manufacturiers ou commerciaux. La classe II se rapporte aux bénéfices professionnels. La classe III frappe les produits de revenus terriens annuels aléatoires qui ne tombent pas sous le régime de la cédule A, tels que droits de propriétaire du fond sur mines, carrières, prises d'eau, les bénéfices des compagnies anonymes, gaz, forges, chemins de fer, canaux, cimetières, etc. La classe IV s'adresse aux détenteurs de valeurs et titres étrangers. La classe V s'applique aux revenus de domaines situés en pays étrangers. Enfin, dans la classe VI sont compris tous bénéfices aléatoires et gains accidentels qui ne tombent sous le régime d'aucune des quatre autres cédules.

5. *Cédule E.* — La cédule E comprend les traitements des fonctionnaires publics et des employés de l'Etat, les rémunérations attachées à toutes fonctions ayant un caractère public, soit permanent, soit temporaire, les pensions, les annuités, etc.

L'impôt ne frappe pas les salaires ouvriers.

Dans la longue énumération qui précède, on recherchera en vain les *salaires ouvriers*. C'est que dans l'esprit de la loi anglaise les salaires ouvriers ne constituent pas un *revenu*. Les classes dirigeantes anglaises connaissent trop bien l'économie politique pour ne pas savoir que la rémunération attachée au travail salarié, avec ses fluctuations, ses chômages et ses mortes-saisons, ne représente tout au plus que la somme nécessaire au maintien de l'ouvrier et de sa famille en bonne condition de travail et de reproduction; de sorte qu'on peut dire que le salaire du travail de la veille ne sert qu'à garantir l'emploi de la force-travail du lendemain. Il ne peut, et ne doit, y avoir de revenu, au point de vue anglais, que là où le produit du travail se traduit par un bénéfice permettant à son auteur de faire des économies, tout en vivant dans une honnête aisance.

Depuis Cobden et Bright, cette compréhension du salaire ouvrier a été regardée comme un axiome d'économie politique par les classes dirigeantes du Royaume-Uni. Si bien qu'aujourd'hui il est de règle de soustraire le prolétariat aux charges fiscales, pour la bonne raison que tout impôt qui frappe l'ouvrier, conduit nécessairement à l'augmentation du prix de la main-d'œuvre et à une hausse des salaires. C'est à cette opinion de la bourgeoisie anglaise que l'on a dû la suppression de l'échelle mobile sur les céréales, l'abolition des impôts de consommation, et enfin, la gratuité de l'instruction, ce que les Anglais appellent *free living,* la vie libre, c'est-à-dire la vie exempte de charges.

Sir Robert Peel qui, en 1838, par la suppression de l'échelle mobile, avait déjà donné au peuple le pain à bon marché, ne pouvait songer un instant à appliquer l'impôt sur le revenu aux classes populaires. Il fallait même éviter que cet impôt ne retombât indirectement sur l'ouvrier, ce qui arriverait s'il atteignait le petit industriel et le petit commerçant chez lesquels l'ouvrier s'approvisionne. Aussi, loin d'imiter Pitt, qui frappait de l'impôt tous les revenus de *soixante* livres sterling (1.500 fr.) et au-dessus, il fixa à *cent cinquante* livres sterling (3.750 fr.), le minimum du chiffre de revenu annuel qui serait passible d'impôt.

Voici, du reste, les cas d'exemption et de réduction reconnus par la loi de 1842.

Exemptions.

1. — Nul revenu inférieur à cent cinquante livres sterling (3.750 fr.) n'est sujet à l'impôt.

2. — Sont également affranchis de l'impôt :

a) Les établissements d'assistance publique ou privée, les hôpitaux, asiles, maisons de refuge, etc. ;

b) Les écoles publiques ;

c) Les Sociétés de secours mutuels ;

d) Les Sociétés de prévoyance, coopératives, etc. ;

e) Les musées, universités, institutions littéraires et scientifiques, etc.

Réduction.

Toute personne payant une prime annuelle d'assurance sur la vie a le droit de déduire de son revenu le montant de cette prime, pourvu qu'il n'excède pas le sixième de son revenu.

En outre, la loi déclarait que l'impôt sur le revenu ne s'appliquait qu'à la Grande-Bretagne, et que l'Irlande en était exemptée.

IV

Premier essai de progression.

Le nouvel impôt n'était pas progressif ; il fut prélevé sur tous les revenus de *cent cinquante* livres sterling ou au-dessus, à raison de *sept pence* (0 fr. 70) par livre sterling, ou de 2,80 pour cent, et rapporta dès la première année un peu plus de *cent quarante* millions (£ 5.607.798). Les dix années qui suivirent ne furent témoins d'aucun changement, et l'impôt continua à s'appliquer dans les mêmes conditions jusqu'en 1853, avec des fluctuations de rendement qui oscillèrent de 137 millions en 1844 à un peu plus de 148 millions en 1853.

A cette époque, la chute du Cabinet conservateur de lord Derby amena aux affaires le ministère libéral de lord Aberdeen, avec M. Gladstone comme chancelier de l'Echiquier, ou ministre des finances. Un des premiers actes du nouveau chancelier fut la modification de la loi de 1842. L'impôt sur le revenu, jusque-là appliqué seulement à la Grande-Bretagne, fut étendu à l'Irlande, et un commencement de progression s'introduisit dans le fonctionnement de l'impôt. Il est vrai de dire que ce fut de la progression à rebours.

Le minimum de revenu passible d'impôt, qui avait été jusque-là fixé à £ 150, fut abaissé à £ 100. Mais la nouvelle loi créait deux catégories de contribuables avec des taux différents. Pour les revenus atteignant £ 100, mais inférieurs à £ 150, l'impôt était perçu à raison de 5 pence par livre sterling ou 2 0/0, tandis que pour les revenus de £ 150 et au-dessus, le taux était de 7 pence par livre, ou 2 80 0/0.

M. Rouvier, avec un aplomb tout à fait panamiste, a pu dire sans rire devant une assemblée française, qu'en exonérant de l'impôt les petits revenus, on insultait les petits contribuables, et que le sentiment d'égalité des citoyens peu fortunés souffrirait de se voir ainsi exclus de leur droit à participer aux charges publiques. Je ne sais ce que pensent les petits contribuables chers à M. Rouvier, mais si l'humanité est la même partout, l'impopularité que cette mesure de M. Gladstone rencontra chez les nouveaux contribuables anglais me donne tout lieu de supposer que les petits contribuables français se consoleraient assez vite de la blessure faite à leur amour-propre de citoyens.

Le patriotisme anglais même ne fit pas cesser cette impopularité, qui fut à son comble lorsque les nécessités de la guerre de Crimée amenèrent une élévation dans les taux de l'impôt, qui atteignant respectivement 4 0/0 et 5 60 0/0 en 1855, montèrent en 1856 et 1857 à 4 60 0/0 et 6 60 0/0, pour retomber en 1858 aux taux primitifs de 2 0/0 et 2 80 0/0. En 1859, pendant le court ministère conservateur de lord Derby, le nouveau chancelier de l'Echiquier, M. Disraeli, abolit la progression et fixa le rendement de l'impôt au taux uniforme de 2 0/0, quel que fût le chiffre du revenu. Mais l'année suivante, les libéraux revenaient au pouvoir avec lord Palmerston comme chef du Cabinet et M. Gladstone comme chancelier de l'Echiquier. Celui-ci rétablit le taux différentiel qui fut appliqué jusqu'en 1863.

La progression à deux degrés.

A cette époque, nouvelle modification de la loi. M. Gladstone abandonne, à son tour, le taux différentiel pour revenir au taux uniforme, mais afin de conserver à l'impôt son caractère progressif, il établit deux chiffres minimum de revenu , l'un de £ 100, l'autre de £ 200 (5.000 fr.). Le taux de l'impôt, qui fut cette année-là de 2 80 0/0, ne frappait pas les deux revenus également. Les revenus de £ 100 au plus, mais inférieurs à £ 200 avaient droit à une réduction de £ 60 (1.500 fr.), de sorte qu'un revenu de £ 100 ne payait que sur £ 40, et un revenu de £ 180 (4.500 fr.), ne payait que sur £ 120 (3.000 fr.), tandis que les revenus de £ 200 et au-dessus n'avaient droit à aucune réduction.

En 1872, M. Gladstone étant premier ministre, et M. Robert Lowe, chancelier de l'Echiquier, la loi est encore modifiée dans le sens démocratique. Les deux chiffres minimum deviennent respectivement £ 100 et £ 300 (7.500 fr.). Les revenus de £ 300 et au-dessus continuent à payer l'impôt complet, tandis que les revenus de £ 100 à £ 300 ont droit à une réduction de £ 80 (2.000 fr.), de sorte qu'un revenu de £ 100 ne paie que sur £ 20 (500 fr.), et ainsi de suite.

En 1878, nouvelle modification démocratique sous le ministère de lord Beaconsfield qui, bien que chef d'un cabinet conservateur, se piquait de démocratie. Le chancelier de l'Echiquier, sir Stafford Northcote, revenant au chiffre de 1842, éleva à £ 150 le minimum de revenu qui serait passible d'impôt, et à £ 400 (10.000 fr.) le chiffre à partir duquel le revenu n'aurait droit à aucune réduction. D'après la nouvelle loi, tout revenu de £ 150 et au-dessus, mais n'atteignant pas £ 400 avait droit à une réduction de £ 120.

La progression à trois degrés.

Enfin, en 1895, dernière modification de la loi, œuvre de sir William Harcourt, chancelier de l'Echiquier du ministère libéral présidé par lord Roseberry. Cet homme d'Etat, qui avait déjà, en 1894, affirmé ses tendances démocratiques en faisant voter la loi de l'impôt progressif sur les successions, affranchit de tout impôt les revenus ne dépassant pas £ 160 (4.000 fr.), et créa un nouveau degré dans la progression. Le taux de l'impôt resta le même pour les trois catégories de revenus, mais avec une différence dans le droit à réduction. Les revenus supérieurs à £ 160, mais ne dépassant pas £ 400, ont droit à une réduction de £ 160, et les revenus supérieurs à £ 400, mais ne dépassant pas £ 500, ont droit à une réduction de £ 100. Au dessus de £ 500, les revenus n'ont droit à aucune réduction. C'est le régime qui est en vigueur aujourd'hui.

Cette élévation de £ 10 (250 fr.) du chiffre minimum de revenu non imposable peut paraître de prime abord insignifiante, mais les termes mêmes de la loi de 1895 lui donnent une grande portée. Les lois précédentes disaient : « Tout revenu *au-dessous de* £ 100, £ 150, £ 200, etc., etc. » Celle-ci dit : « Tout revenu *ne dépassant pas* £ 160, £ 400, £ 500 ». Il y a là une nuance très importante, car elle exonère ou favorise un très grand nombre de contribuables dont le revenu peut justement *atteindre* le chiffre rond de £ 160, £ 400, £ 500, sans le *dépasser*.

Mais ce qui donne à cette modification de la loi sur l'impôt sur le revenu son importance la plus caractéristique, ce sont les raisons qui déterminèrent sir William Harcourt à la proposer. Il est de règle, disait-il, que les salaires ouvriers n'étant pas considérés comme revenus, ne doivent pas tomber sous le coup de la loi. Or, dans un grand nombre d'industries, il y a des ouvriers qui sont payés à raison de £ 3 par semaine, ce qui fait £ 156 par an, ou à tout le moins, en en défalquant les vacances de Noël et d'été, £ 150. En maintenant le minimum de £ 150, la loi atteint une catégorie de citoyens que nous avons toujours considérés comme devant échapper à l'application de l'impôt sur le revenu.

Cette opinion de sir William Harcourt et de la Chambre des communes ne répond-elle pas victorieusement à l'affirmation saugrenue et intéressée de ceux qui prétendent que l'impôt sur le revenu constituerait une charge nouvelle pour l'ouvrier ? Il y a plus : comme l'avait fait remarquer sir William Harcourt en 1894, lorsqu'il fit voter l'impôt progressif sur les successions, s'il est incontestable que la fortune publique va toujours en s'augmentant, on ne saurait nier que cet accroissement ne se répartit pas également, ni proportionnellement, sur toutes les classes sociales. L'argent attire l'argent, et c'est surtout aux classes fortunées, déjà en possession de la plus grande partie de la richesse sociale que profite l'accroissement de cette richesse. C'est donc à ces classes de supporter principalement le fardeau de l'impôt.

D'autre part, s'il est juste d'affranchir de l'impôt le travail manuel, il est également juste de faire une distinction entre le revenu du travail intellectuel, soit professionnel, soit industriel ou commercial, et le revenu purement capitaliste. C'est à ces considérations qu'ont obéi les législateurs en accordant aux deux catégories des revenus ne dépassant pas £ 400 et £ 500 les réductions respectives de £ 150 et £ 100.

Je sais bien qu'on pourra m'objecter que ces modifications de sir William Harcourt laissent beaucoup à désirer au point de vue de la justice de l'impôt progressif et qu'il y a moyen de faire mieux. Je suis le premier à le reconnaître. Mais il ne faut pas perdre de vue que les hommes d'Etat anglais ne se piquent pas d'être logiques, pas plus, d'ailleurs, que leurs concitoyens. Toute leur habileté, pendant ce siècle-ci, a consisté à savoir faire la part du feu et à éviter des situations révolutionnaires par des concessions faites à propos. Cette pratique peut se résumer ainsi : Céder pour retenir, et retenir pour céder. Elle peut manquer de prestige, mais elle convient merveilleusement au tempérament d'une race chez qui la ténacité tient lieu d'ardeur, et qui, lente à faire un pas, le fait définitivement et ne sait plus revenir en arrière.

V

Rendement de l'impôt.

Tout anodine qu'elle était, la réforme votée sur la proposition de sir William Harcourt avait pour effet de supprimer plusieurs centaines de mille contribuables, les plus petits, il est vrai, mais qui n'en payaient pas moins de 22 à 30 fr. d'impôts tous les ans. C'était, de ce chef, une perte annuelle de 25 millions au moins pour le Trésor. D'autre part, en élevant le chiffre de la réduction et en l'étendant à une nouvelle catégorie de contribuables, il exonérait dans une certaine mesure plus de 430.000 revenus moyens, ce qui constituait pour le Trésor une nouvelle perte de 12 à 15 millions. Ces 40 millions qui lui manquaient, il les demanda aux *gros revenus*, en élevant de *un penny* (10 centimes) par livre sterling le taux de l'impôt, qui fut porté de 7 pence par livre, ou 2.80 0/0, à 8 pence par livre, ou 3.20 0/0.

L'expérience des années précédentes ayant prouvé que chaque penny par livre donnait en moyenne 2 millions de livres sterling, ou 50 millions de francs, il y avait tout lieu de supposer que cette addition de 1 penny par livre serait suffisante pour éviter un déficit. Le résultat donna raison à sir William Harcourt. Non seulement il n'y eut pas de déficit en 1895, mais le rendement de l'impôt a été supérieur de près de 8 millions de francs à celui de 1894. En 1896, nouvelle augmentation de plus de 8 millions sur l'exercice de 1895, et enfin l'exercice de 1897 excède de plus de *vingt-trois* millions celui de 1896. Le rendement net a été de £ 16.901.341 ou 422.533.525 fr.

Ce chiffre égale, à 350.000 fr. près, celui de 1857, le plus élevé qu'ait atteint le produit de l'impôt sur le revenu en Angleterre. Mais si l'on veut bien se rappeler qu'en 1857 le taux de l'impôt était de 6.60 0/0, contre 3.20 0/0 en 1897, et qu'il frappait tous les revenus à partir de 2.500 fr., tandis que celui de 1897 ne frappe que les revenus supérieurs à 4.000 fr., on verra facilement que l'avantage reste tout entier du côté de 1897. Et quel chemin parcouru depuis 1857, et surtout depuis 1842 ! Quelle victorieuse réponse à ces farceurs qui prétendent que l'impôt sur le revenu ruinerait le pays en exilant de France les gros capitaux ! En 1842, le penny par livre ne donnait que 20 millions par an ; en 1854, il donnait 25 millions ; en 1864, 30 millions ; en 1866, 35 millions : en 1871, 40 millions ; en 1873, 45 millions ; depuis 1881, plus de 50 millions par an en moyenne. En 1897, il a donné 51.875.000 fr. Et la rente, ce baromètre financier d'un pays, est à 112 1/2, bien qu'elle ne donne que 2 1/2 0/0 et soit sujette à l'impôt.

L'impôt ne fait pas fuir les gros revenus.

Voyez-vous, d'ailleurs, les gros capitaux quittant la France pour passer à l'étranger ; tous nos grands propriétaires vendant leurs terres et leurs maisons à la criée pour porter leurs fonds ailleurs; nos compagnies de chemins de fer vendant leur matériel comme vieille ferraille; nos mines et nos usines fermant leurs portes; nos gros négociants mettant la clef sous la porte et décampant pour aller chercher fortune dans un pays que n'ait pas encore atteint le fléau de l'impôt sur le revenu? C'est tellement grotesque en soi qu'on a presque honte d'y répondre par des chiffres. En Angleterre, les trois dernières années ont fait la preuve concluante du ridicule de cette allégation puérile et mensongère. Non seulement, depuis que le taux de l'impôt a été élevé de 14 0/0, le revenu, loin de baisser, a augmenté dans des proportions formidables, mais, chose qui ne surprendra que les imbéciles, c'est presque entièrement aux gros capitaux qu'est allé l'accroissement. On en jugera par les chiffres suivants que j'extrais du Livre Bleu (*Blue Book*) pour 1897, page 142.

En 1896-97, le chiffre total des revenus taxés sous la cédule D, classes I et II (c'est-à-dire les revenus de gens s'adonnant au commerce ou à l'industrie et de ceux qui exercent une profession libérale), s'est élevé à £ 121.012.171, ou, en monnaie de France, *trois milliards vingt-cinq millions trois cent quatre mille trois cent soixante-quinze francs;* en 1895-96, il ne s'était élevé qu'à £ 120.695.091. Augmentation en faveur de 1897 : £ 317.080, ou *sept millions quatre cent vingt-sept mille francs.*

Le nombre de contribuables taxés sous les classes I et II de la cédule D a été, en 1896-97, de 419.693; en 1895-96 les deux mêmes classes ne comprenaient que 410.627 contribuables.

Dans les deux mêmes classes de la cédule D, si je prends les revenus provenant du travail, c'est-à-dire les revenus auxquels la loi accorde les réductions de £ 160 ou £ 100, je vois que les revenus de 4.000 à 12.500 francs, qui étaient en 1895-96 au chiffre de 364.906, sont montés en 1896-97, au chiffre de 373.346. L'excédent au profit de 1897 est donc de 8.440, ou environ *un pour cent*. En comparant les revenus taxés de ces deux mêmes classes de contribuables, nous trouvons également un excédent d'environ *un pour cent* en faveur de 1897, puisque la moyenne de ce revenu a été en 1895-96 de £ 95 par tête, et de £ 96 en 1896-97.

Je passe maintenant aux gros revenus ne jouissant pas du

bénéfice de la réduction, aux revenus produits par ce qu'on est convenu d'appeler *l'association* du capital et du travail, ces gros revenus qui sous le régime de l'impôt sur le revenu ne peuvent que languir, s'étioler et mourir. Et comme, quand on prend du galon, on n'en saurait trop prendre, je vais tout de suite aux plus gros, aux énormes, à ceux qui devraient avoir des ailes pour *passer à l'étranger*. En 1895-96, le nombre des revenus commerciaux ou industriels supérieurs à £ 50.000, c'est-à-dire — lisez bien — dépassant *un million deux cent cinquante mille francs*, était de 56; en 1896-97, il a été de 65. Augmentation en faveur de 1897 : 16 0/0. En comparant pour les deux années les revenus de ces millionnaires du revenu, on trouve que le revenu moyen par tête de ces gros contribuables a été de £ 86.917 ou 2.172.925 fr. en 1896, et £ 90.210 ou 2.255.250 fr. en 1897. Augmentation en faveur de 1897 : 3.78 0/0. Voilà comment l'impôt sur le revenu fait fuir les capitaux à l'étranger.

Et, pourtant, quelle belle occasion pour eux de jeter le manche après la cognée. Tandis que les pauvres diables qui *associent*, puisque c'est le mot, leur travail au capital des autres sont, ou exempts d'impôt, ou bénéficiaires d'une réduction qui, pour les revenus de 4.000 à 12.500 fr., donne par tête une moyenne de 59 fr. 60 d'impôt à payer en 1896, et de 60 fr. en 1897, les géants du revenu payaient en moyenne 72.425 fr. par tête en 1896, et 75.175 fr. en 1897; à eux soixante-cinq, une somme de 4.886.425 fr.

Je ne donne que ces exemples parce que c'est surtout dans la cédule D que se trouve la catégorie de contribuables dont le revenu est le produit du travail direct. Que serait-ce donc si je prenais mes exemples dans les autres cédules, chez les contribuables dont les revenus proviennent de la rente, ou du paiement de fermages, de loyers, d'intérêts ou de dividendes? Mais j'en ai dit assez pour montrer que l'impôt progressif sur le revenu n'est pas de nature à faire fuir les gros capitaux. Qu'on se demande à présent quelle ressource immense pourra donner la progression lorsque, au lieu de s'arrêter à 12.500 fr. comme l'a fait sir William Harcourt, un nouveau ministre fera voter une échelle progressive dont le coefficient s'élèvera à mesure que s'élèveront les revenus!

Elasticité de l'impôt.

Car c'est là surtout ce qu'il ne faut pas perdre de vue. En frappant l'activité humaine dans le produit de sa manifestation, la richesse, au lieu de la frapper à sa source, le travail, l'impôt sur le revenu a non seulement pour lui la justice, mais il a encore l'avantage d'être le plus élastique de tous les impôts. Son rendement s'élève ou s'abaisse suivant les fluctuations de la richesse nationale, mais comme il ne frappe cette richesse qu'à partir du point où commence le superflu, il peut se hausser et s'abaisser au niveau de tous les besoins et de tous les sacrifices nationaux, sans risquer de tarir les sources ou d'entraver l'essor de la production nationale.

Avec lui, pas de déficit, car son taux variable se prête avec la plus grande facilité à toutes les nécessités budgétaires. On l'a assez justement et spirituellement comparé à un soufflet d'accordéon, et c'est bien comme d'un accordéon qu'en ont joué tous les hommes d'Etat anglais depuis sa création. Dans cette période de cinquante-cinq ans, il a été *deux* fois à 0 80 0/0, *trois* fois à 1 20 0/0, *cinq* fois à 1 60 0/0, *sept* fois à 2 0/0, *neuf* fois à 2 40 0/0, *une* fois à 2 60 0/0, *seize* fois à 2 80 0/0, *cinq* fois à 3 20 0/0, *trois* fois à 3 60 0/0, *une* fois à 4 10 0/0, *une* fois à 5 80 0/0, *deux* fois à 6 60 0/0.

J'ai parlé tout à l'heure d'un instrument de musique. L'assimilation est plus complète qu'on ne pourrait le supposer ; elle va même jusqu'au point de pouvoir se reprendre si par hasard on s'est trompé de note. Ainsi, en 1868, les dépenses imprévues de la guerre d'Abyssinie dépassèrent les prévisions du budget déjà voté. Au lieu de faire un emprunt ou une émission de bons du Trésor, Mr Disraéli, alors chancelier de l'Echiquier, proposa au Parlement d'élever le taux de l'impôt sur le revenu pour l'année courante. Ce taux avait été fixé quelques mois avant à 4 pence par livre sterling ou 1 60 0/0 : le Parlement déclara qu'il y avait maldonne et vota un penny additionnel par livre sterling, fixant ainsi le taux à 2 0/0.

Il y eut même cette année-là deux catégories de contribuables, ou plutôt deux catégories de payeurs. Ceux qui, en très petit nombre, avaient déjà acquitté leurs contributions au moment du vote et contre lesquels on n'exerça pas de répétition, ceux-là, ayant déjà leur quittance en poche, s'en tirèrent à 1 60 0/0, tandis que les autres, et c'était l'immense majorité, eurent à payer 2 0/0. Ce qui prouve qu'en matière de paiement d'impôts, comme en beaucoup d'autres choses usuelles, il est quelquefois bon de ne pas renvoyer au lendemain ce que l'on peut faire la veille.

VI

L'impôt frappe surtout les gros revenus.

On s'est plu à répéter que, loin d'être un allégement aux souffrances populaires, l'impôt sur le revenu ne ferait, au contraire, que les aggraver, parce que, disait-on, frappant plus de petits revenus que de gros, il pèserait plus lourdement sur la petite propriété, le petit commerce et la petite industrie.

Chose curieuse, cette objection vient surtout de gens ayant l'avantage d'avoir, je ne veux pas dire de gros revenus, mais des revenus offrant un certain caractère de ce que les Anglais appelent *respectabilité*. Cette sollicitude des gens à leur aise pour les gens qui tirent le diable par la queue m'a toujours fait rêver, et j'ai la faiblesse de m'en défier. Mais quelques bonnes raisons que j'aie de suspecter la sincérité des intentions, ce n'est pas par des arguments que j'ai promis de répondre à l'objection ; c'est aux faits et aux chiffres que je laisse le soin de la réfuter.

Les renseignements historiques que j'ai donnés sur le développement de l'*income tax*, de 1842 à 1897, prouvent déjà surabondamment que chaque nouvelle modification à la loi de l'impôt sur le revenu en Angleterre a été faite dans l'intérêt des petits revenus. A qui fera-t-on croire qu'en élevant successivement de 2.500 à 3.000 fr., puis à 3.750 fr., puis à 4.000 fr. le minimum de revenu affranchi de tout impôt, la loi a pour effet de frapper les petits contribuables ? Est-ce pour surcharger les petits imposés que la loi accorde une réduction de 4.000 fr. à tout revenu qui ne dépasse pas 10.000 fr ?

Il y avait, il y a cinq ans, dans le Royaume-Uni, un million et demi de personnes qui payaient l'impôt sur le revenu. Aujourd'hui, il n'y en a pas huit cent mille, non pas parceque les revenus ont baissé, mais, au contraire, parce que les revenus ayant augmenté, la loi a pu exempter la moitié des anciens contribuables, en élevant le chiffre du revenu passible d'impôt. Allez donc demander à ces trois quarts de million de dégrevés de quel poids pèse sur eux l'mpôt du revenu?

La population des îles Britanniques est, d'après le dernier recensement, de près de quarante millions d'habitants. L'impôt sur le revenu n'atteint que sept cent et quelques mille contribuables. En multipliant ce dernier chiffre par trois pour trouver la moyenne du nombre constitué par les familles, nous voyons qu'il y a tout au plus deux millions et demi de personnes, soit *un seizième* de la population, affectées directement ou indirectement par l'impôt du revenu. Devons-nous croire que les petits propriétaires, commerçants et industriels sont dans ce seizième ou dans les quinze autres?

Mais, dira-t-on, il est évident que l'impôt ne pèse pas sur ceux qui n'ont pas à le payer. Nous voulons dire qu'il pèse surtout sur les plus petits de ceux qui ont à le payer. Ici encore, les chiffres donnent à l'assertion un démenti formel, comme on en jugera par le tableau suivant, basé sur les prévisions de la dernière loi votée par la Chambre des Communes.

REVENU		IMPOT		POUR CENT
4.500 fr.	payent	16 fr.	ou	0 fr. 35
5.000 fr.	—	32 fr.		0 fr. 64
5.500 fr.	—	48 fr.		0 fr. 87
6.000 fr.	—	64 fr.		1 fr. 07
6.500 fr.	—	80 fr.		1 fr. 23
7.000 fr.	—	96 fr.		1 fr. 37
7.500 fr.	—	112 fr.		1 fr. 49
8.000 fr.	—	128 fr.		1 fr. 60
8.500 fr.	—	144 fr.		1 fr. 69
9.000 fr.	—	160 fr.		1 fr. 77
9.500 fr.	—	176 fr.		1 fr. 85
10.000 fr.	—	192 fr.		1 fr. 92
10.500 fr.	—	256 fr.		2 fr. 42
11.000 fr.	—	272 fr.		2 fr. 47

11.500 fr.	payent	288 fr.	ou	2 fr. 50
12.000 fr.	—	304 fr.		2 fr. 53
12.500 fr.	—	320 fr.		2 fr. 56
13.000 fr.	—	416 fr.		3 fr. 20
15.000 fr.	—	480 fr.		3 fr. 20

et ainsi de suite, car au-dessus de 12.500 fr. la progression cesse et il n'y a plus qu'un taux proportionnel de 3.20 0/0.

Chiffres officiels.

On pourra m'objecter que ce sont là des chiffres théoriques, mais voici les chiffres du *Livre Bleu* pour 1897 :

Cédule A (Propriétaires). — Le revenu net des immeubles a été évalué à près de *quatre* milliards, dont *un* milliard environ pour la terre et près de *trois* milliards pour les maisons. Le nombre des propriétés était de *neuf* millions un quart. Sur ce nombre, 1.502.835 ont été exemptées de tout impôt, comme ne rapportant pas 4.000 fr. par an ; 101.968 ont bénéficié de la réduction de 4.000 fr., comme ne rapportant pas plus de 10.000 fr., et 363, de la réduction de 2.500 fr., comme ne rapportant pas plus de 12.500 fr. Le nombre des personnes qui ont bénéficié de l'une ou l'autre réduction a été de 11.802. L'impôt sur le revenu des propriétés a donné un peu plus de *cent vingt-et-un* millions, dont un peu plus du quart pour le revenu de la terre. Si l'on veut bien se rappeler que les *55/56* ou 98 0/0 de la terre anglaise appartiennent à moins de *trente mille* personnes, on verra tout de suite que ce n'est pas sur les petits propriétaires terriens qu'est tombé cet impôt de *trente-deux* millions.

Cédule B (Fermiers). — Le revenu net des fermiers a été évalué à un peu plus de *cinq cent* millions de francs et a produit un impôt de près de *quatre* millions. Sur 1.637.869 fermes, 1.235.797 ont été exemptées de tout impôt, comme ne donnant pas un revenu de 4.000 fr. ; 12.731 ont bénéficié de la réduction garantie par la loi.

Cédule C (Rentiers). — Ce n'est pas ici qu'il faut chercher les petits revenus, car dans cette section il n'y a pas eu de réduction. Le revenu des rentiers (fonds d'Etat, nationaux, coloniaux ou étrangers) a été évalué à près de 965 millions pour l'année financière 1896-97, et a payé 32.025.008 francs d'impôts.

Cédule D (Commerce, industrie et professions libérales). — Cette section, de beaucoup la plus considérable de toutes, renferme 502.940 contribuables, dont 419.963 représentent l'activité productrice de gens exerçant le commerce, l'industrie ou une profession, et 83.247 représentent les possesseurs de capitaux engagés : actionnaires, commanditaires, etc. Le revenu net des premiers a été évalué à un peu plus de *trois milliards*, après une réduction de *un milliard cent quarante-cinq millions* sur le revenu brut, et cette réduction a profité à 290.000 contribuables sur 419.000. Le revenu net des bailleurs de fonds a été évalué à près de *quatre milliards et demi*, après une réduction de *douze millions six cent mille francs* sur le montant du revenu brut, et cette réduction insignifiante n'a profité qu'à 3.209 individus sur 83.247.

Ainsi, d'après le chiffre du *Livre Bleu*, le revenu brut commercial, industriel et professionnel du Royaume Uni s'élève à *huit milliards 750 millions* et va à 502.000 personnes. Sur ces 502.000 personnes, 419.000 ou 83 0/0 représentent l'élément *professionnellement actif* et reçoivent *quatre milliards 250 millions*, soit 48 0/0 du revenu brut total. D'autre part, 83.000 personnes sur 502.000, soit 17 0/0, représentant l'élément *oisif* et purement *financier*, touchent *quatre milliards cinq cent millions*, soit 52 0/0 du revenu brut total. Les *actifs* touchent en moyenne 10.141 fr. ; la moyenne des *oisifs* est de 54.216 fr. De quel côté se trouvent les gros revenus ? Eh bien ! l'impôt payé à l'Etat par les 502.000 contribuables de la cédule D s'est élevé à *deux cent trente-quatre millions six cent mille francs* en chiffres ronds. Sur ce chiffre, la catégorie professionnelle a payé 40 0/0 et la catégorie financière 60 0/0. Ce qui veut dire que la classe aux petits revenus, touchant 48 0/0 du revenu total a payé 40 0/0 de l'impôt total, tandis que la classe aux gros revenus, touchant 52 0/0 du revenu total, a payé 60 0/0 de l'impôt.

Si nous poussons nos recherches plus loin, nous verrons que les réductions accordées à la catégorie professionnelle ont atteint 26 0/0 de son revenu total, de sorte que son revenu net passible d'impôt a été évalué à 74 0/0 de son revenu brut, tandis que la classe financière, ne bénéficiant que de 1/4 0/0 de réduction, a vu son revenu net évalué à 99 3/4 0/0 de son revenu brut. Enfin, en comparant le taux de l'impôt payé au revenu brut, on trouve que tandis que la classe financière de la cédule D a payé l'impôt à raison de 3.20 0/0 de son revenu total, la classe professionnelle ne l'a payé qu'à raison de 2.36 0/0.

Et si nous considérons que, sur les 449.000 contribuables de la classe professionnelle, 290.000 seulement ont profité de la réduction, nous trouverons que la moyenne du taux de l'impôt pour 69 0/0 des imposés de la classe active a été de 1.45 0/0, et même, pour 42 0/0 d'entre eux, dont le revenu ne dépassait pas cinq mille francs, ce taux n'a pas atteint *un demi pour cent* du revenu total. Donc, pas plus pour les petits commerçants et industriels que pour les petits propriétaires et petits terriens, l'impôt ne pèse sur les petits revenus au profit des gros. Voyons maintenant les employés et fonctionnaires.

Cédule E (*Fonctionnaires et services publics*). — Le nombre de personnes recevant un traitement de l'Etat ou d'administrations représentant un service public, dont le traitement constitue un revenu passible de l'impôt, a été en 1896-97 de 245.555, ayant un revenu brut de près de *treize cent trente-trois millions* de francs. 95.384 de ces employés bénéficient d'une réduction qui s'élève à *trois cent soixante-quinze millions*. Le *Livre Bleu* ne donnant pas de détails sur le revenu brut de cette classe particulière d'employés, il m'est impossible d'apprécier exactement la portée de cette réduction à l'égard des bénéficiaires. Mais comme le chiffre de cette réduction représente 28 0/0 du revenu brut total, tandis qu'il n'est que de 26 0/0 dans la cédule D; comme, d'autre part, les *trente-et-un* millions d'impôts payés par les contribuables de la cédule E donnent, comparés au revenu total brut, un taux moyen de 2 32 0/0, tandis que le taux correspondant de la cédule D était de 2 36 0/0, on voit que, sous le rapport de l'allègement, les employés de l'Etat sont à peu près dans les mêmes conditions que les autres catégories de contribuables. J'ai donc le droit de dire que là encore tous les chiffres s'accordent à prouver que l'impôt sur le revenu ne pèse pas plus lourdement sur les petits traitements que sur les gros.

En résumé, sur *sept cent mille* contribuables environ qui sont atteints par l'impôt sur le revenu et représentent un total brut de *dix-sept milliards et demi* de francs, plus de 458.000 petits imposés ont bénéficié d'une réduction qui s'est élevée à 24 0/0 du revenu brut, et qui représente plus de *quatre milliards* de francs. Les chiffres pris soit en bloc, soit en détail, suffisent à prouver qu'il est faux de dire que l'impôt sur le revenu pèse plus sur les petits revenus que sur les gros, et que ceux qui émettent une pareille assertion ne réussissent à prouver que le manque le plus absolu de sincérité ou la plus complète ignorance du sujet dont ils parlent.

VII

Répartition et Perception de l'impôt.

Il ne me reste plus à dire que la façon dont l'administration anglaise répartit et perçoit l'impôt sur le revenu. C'est sur ce point important que se sont concentrés, on se le rappelle, tous les efforts des opposants lorsque le projet de loi a été présenté au Parlement français. J'entends encore les cris de détresse que la seule idée d'avoir à déclarer leur revenu fit pousser à tous ceux qui se sentaient visés et atteints par le projet Doumer. A les entendre, la déclaration donnerait lieu aux questions les plus saugrenues, aux investigations les plus indiscrètes, aux recherches les plus vexatoires. Certains journaux *bien pensants* (c'est ainsi du moins qu'ils se qualifient), qui ne sont jamais avares d'insinuations mensongères, allèrent même jusqu'à donner à l'avance, des futurs procédés inquisitoriaux de l'administration, une description fantaisiste qui faisait rêver du Conseil des Dix vénitien et transformait les agents du fisc français en familiers du Saint-Office espagnol.

Ici encore, en ce qui concerne l'Angleterre, les faits donnent un démenti formel à ces assertions de haute fumisterie. Voici, en effet, comment se pratique la répartition de l'impôt sur le revenu, basée, s'il vous plaît, sur la déclaration du contribuable.

Tous les ans, au mois de mai, l'*Inland Revenue Office*, ou administration des contributions, envoie, par la poste et sans frais, à chaque contribuable ou supposé tel, une grande feuille couleur chamois, format papier écolier, imprimée sur les quatre faces et renfermant toutes les instructions nécessaires pour faire une déclaration de revenu conformément à la loi. On n'a qu'à remplir des blancs en suivant les indications de la feuille.

Déclaration.

Dans le cas où le revenu ne dépasse pas 4.000 francs, on répond « *Pas de revenu* », en remplissant le blanc qui se trouve à la fin de la quatrième page et qui est destiné à recevoir l'affirmation et la signature du déclarant. Si le revenu du déclarant dépasse 4.000 fr., il cherche à la page 1 et à la page 3 les cases se rapportant aux différentes catégories de revenus (intérêts, rentes, loyers, fermages, profits, traitements, etc.), remplit le blanc ou les blancs correspondant à la provenance ou aux diverses provenances de son revenu, et fait et signe la déclaration de son revenu total à la fin de la quatrième page.

A la suite de la formule de déclaration, à la fin de la quatrième page, se trouve une formule imprimée pour demander la réduction de 4.000 fr. (£ 160) si le revenu ne dépasse pas 10.000 fr. ou celle de 2.500 fr. (£ 100) s'il ne dépasse pas 12.500 fr. Cette réclamation se fait simplement en laissant subsister sur la formule imprimée le chiffre £ 160 ou £ 100 auquel on a droit d'après son revenu, et en biffant l'autre. Au bas de la troisième page se trouve une autre formule imprimée pour réclamer la réduction du montant des primes d'assurances sur la vie, lequel ne doit pas dépasser le sixième du revenu du déclarant. La dernière quittance de la Compagnie doit être jointe à la réclamation. Une autre formule imprimée, à la page 2, est affectée aux demandes de réduction pour cause d'usure et de réparations du matériel industriel.

Le devoir du déclarant consiste à faire savoir au fisc quel sera son revenu de l'*année prochaine*. Ce revenu futur s'établit en prenant la moyenne de trois années précédentes, après déduction faite des frais généraux d'exploitation. Les loyers des établissements commerciaux ou industriels font partie des frais généraux, mais non les loyers payés par des commerçants ou industriels pour leur résidence et celle de leur famille. Pour ceux qui exercent leur profession dans leur résidence particulière, tels que médecins, avocats, dentistes, etc., la loi autorise une déduction qui ne peut pas s'élever à plus des deux tiers du loyer. Les achats de machines, construction de nouveaux bâtiments, augmentation de l'outillage, acquisition de chevaux ou voitures, constituant une transformation de revenu en capital, et non une dépense, n'entrent pas dans les frais généraux et ne peuvent pas se déduire.

La déclaration du contribuable, dûment signée par lui, est renvoyée par la poste et *sans frais*, dans les trois semaines de la réception de la feuille, à l'*Inland Revenue Office*, qui la communique aux répartiteurs de district. Dans le courant de septembre, envoi par le fisc d'une feuille bleue, informant le déclarant que son revenu a été évalué à la somme de....., pour laquelle il aura à payer, au taux de 8 pence par livre, la somme de....., laquelle doit être payée le, ou avant le 1er janvier. Le paiement peut se faire en espèces au bureau de l'*Inland Revenue*, ou par la poste, auquel cas on doit joindre à son envoi une enveloppe affranchie portant l'adresse du déclarant. Le paiement par la poste peut s'effectuer, soit par mandat, par bons de poste, par timbres-poste non détachés, par chèque signé du déclarant, ou même par chèque à son ordre et portant son endos.

Fausses déclarations.

Mais, me dira-t-on, qu'est-ce qui prouve la véracité de la déclaration ? — Rien. Qui est-ce qui vérifie l'exactitude de la déclaration ? — Personne. Tout le monde est donc libre de faire une fausse déclaration ? — Pas tout le monde, mais cela arrive assez souvent, du moins pour les revenus déclarés sous la cédule D. Dans les autres cédules, c'est plus difficile. Pour la cédule A et la cédule B, il y a les baux de loyers et de fermages ; pour la cédule C, l'impôt est perçu sur les coupons de titres ; pour la cédule E, les traitements des employés et fonctionnaires publics sont déjà connus du fisc ; pour la deuxième catégorie de la cédule D, comprenant les classes III, IV, V et VI, les déclarations sont généralement correctes, car les moyens de contrôle ne manquent pas, même à l'insu des contribuables. C'est donc dans les classes I et II de la cédule D (bénéfices commerciaux, industriels et professionnels) que se trouvent surtout les fausses déclarations, et comme ces deux classes comprennent près du tiers des contribuables de l'impôt sur le revenu, plus de 419.000, il est intéressant d'étudier la façon dont le fisc procède à leur égard.

Les renseignements que je vais donner me viennent d'un fonctionnaire public occupant une haute position à l'*Inland Revenue Office*, et dont il ne m'est point permis de divulguer le nom. Ils ne font d'ailleurs que corroborer ce que je savais déjà par ouï-dire, et je défie qui que ce soit d'en contester la véracité.

Lorsque les agents du fisc ont des doutes sur la sincérité du chiffre porté dans une déclaration de revenu, ils prennent l'avis du répartiteur du district où réside le contribuable soupçonné et font eux-mêmes l'évaluation de son revenu. C'est sur la somme ainsi fixée par les agents du fisc, après avis du répartiteur, qu'est calculé l'impôt dû par le contribuable. Celui-ci n'en est pas informé spécialement ; seulement, lorsqu'au mois de septembre il reçoit sa feuille bleue, il s'aperçoit qu'il est imposé pour une somme plus forte que celle par lui déclarée. A la suite de l'évaluation faite d'office par le fisc, il peut lire la mention suivante :

« Si vous vous trouvez lésé par la présente évaluation, vous avez le droit de faire appel devant les commissaires généraux de votre district dans les vingt-et-un jours du reçu de la présente. Cet appel doit être écrit sur la formule imprimée qui se trouve au dos de la présente et adressé au directeur des taxes de votre comté. Tout appelant qui conteste l'exactitude du chiffre de l'évaluation faite par le fisc sous la cédule D doit joindre à son appel un état de ses gains et bénéfices bruts dans chacune des trois années qui précèdent immédiatement l'année de l'évaluation, et des déductions au moyen desquelles il avait déterminé le revenu net déclaré par lui. »

Dix-neuf fois sur vingt, le contribuable ne dit rien et se contente de payer. Car, presque toujours, l'évaluation du fisc est encore inférieure à la somme à laquelle se monte vraiment son revenu. Quelquefois, cependant, il arrive que le fisc dans son évaluation, a dépassé le chiffre réel du revenu du contribuable soupçonné. Malgré cela, le faux déclarant se tient coi, car il ne peut démontrer l'erreur du fisc qu'en donnant la preuve de son véritable revenu, et il donnerait en même temps la preuve de sa fausse déclaration. Conséquence : d'abord l'amende ; ensuite, triple droit sur son vrai revenu de l'année. Mais comme ce revenu est basé sur la moyenne des trois années précédentes et que le fisc ne perd jamais ses droits, il serait également exposé à payer le triple droit pour les années précédentes. Il aime mieux se taire et payer.

Dans les cas, *bien rares*, où le fisc se trompe, il s'incline devant les preuves et fait des excuses au contribuable lésé. Quelquefois aussi, il y a matière à contestation et les tribunaux doivent décider, mais c'est alors plutôt pour élucider un point de droit que pour être dégrevé, que le contribuable fait ou défend un procès.

Un habitant de Londres déclarait son revenu à 12.500 fr. Les agents du fisc conçurent des soupçons. Ce monsieur avait une voiture et deux chevaux. Comment tenir un pareil état de maison avec £ 500 par an ? Le fisc l'imposa à raison de £ 2.000 (50.000 fr.) de revenu ; il paya. L'année suivante, il fut imposé pour un revenu de £ 6.000 (150.000 fr.), puis de £ 10.000, puis de £ 12.000, puis de £ 20.000 (500.000 fr.) ; il paya sans broncher. Naturellement, ce n'était qu'un essai de la part des agents qui suspectaient leur homme, mais il réussit.

Rétroaction.

Dans la plupart des cas où les gens ont maille à partir avec le fisc pour avoir déclaré un chiffre inférieur à leur revenu, tout se termine par un compromis. En cela, les autorités fiscales font preuve de sagesse, car elles ne veulent pas appliquer la loi avec trop de sévérité et, par une dureté intempestive, se mettre à dos l'opinion publique. Leur mot d'ordre est évidemment, me disait mon ami le fonctionnaire : « *Revenue tempered by humanity! Benefit the State without over injury to the individual.* Le revenu public tempéré par l'humanité ! Faire profiter l'Etat sans outreléser l'individu. »

Et mon ami continuant à me donner des renseignements : « Le fisc, disait-il, est toujours à l'affût des maisons de commerce qui cherchent à se transformer en Sociétés à responsabilité limitée. Ces maisons sont très portées à exagérer leurs bénéfices afin d'attirer un plus grand nombre d'actionnaires par l'appât de beaux dividendes. C'est ce qui arriva dernièrement à une Compagnie en formation que je pourrais nommer, et qui avait publié un magnifique prospectus. Le fisc ayant remarqué une énorme différence entre le chiffre de bénéfices marqués au prospectus et celui de la dernière déclaration de revenu, en fit part aux promoteurs. Ceux-ci, se confondant en excuses, alléguèrent que c'était une erreur de leur part et qu'ils ne l'avaient découverte qu'après, lorsqu'il était trop tard pour réparer la faute.

» — Très bien, Messieurs, répondit le fisc, erreur n'est » pas compte. Mais il n'est pas juste que le public pâtisse de » vos erreurs. Puisque vous avez découvert, après coup, » que le chiffre de bénéfices mentionné dans votre prospec- » tus est exagéré, ayez la bonté de publier un autre pros- » pectus annulant le premier, informant le public de la » faute que vous avez commise en donnant le chiffre exact » de vos bénéfices. De plus, vous donnerez à votre second » prospectus la même publicité qu'au premier, soit par » annonces dans les journaux, soit en l'adressant par la » poste à tous ceux qui ont déjà reçu l'autre.

» Faute de ce faire, nous vous poursuivrons en paiement » d'une amende de 50 £ (1.250 fr.) et du triple droit, con- » formément à la loi, *à moins que vous ne préfériez* » *maintenant nous payer* TRANQUILLEMENT, *pour cette* » *année-ci et les trois années précédentes, la différence* » *entre le chiffre de votre déclaration de revenu et celui* » *de votre prospectus.* »

Naturellement, la maison paya, séance tenante. Un éclat aurait tué la Compagnie encore à l'état embryonnaire; il valait mieux s'exécuter de bonne grâce. Je sais bien que cette façon de défendre les droits du fisc contre des capitalistes qui se croient au-dessus de la loi sera regardée par nos gros bonnets parlementaires comme une grave atteinte à la liberté financière. Empêcher les requins de la banque ou les loups-cerviers de la Bourse de panamiser le public, c'est pour nos législateurs chéquards faire acte d'inquisition. Par contre, quand il ne s'agit que de pauvres diables, entrer dans l'humble demeure d'un paysan pour y chercher des allumettes de contrebande, ou fouiller une malle ou le caisson d'une voiture pour y trouver un poulet ou une bouteille d'eau-de-vie, cela n'est plus de l'inquisition, ô prolétaires, mes amis, cela s'appelle sauvegarder les intérêts du

Trésor et assurer le bon fonctionnement des finances municipales.

Je pourrais encore citer beaucoup d'autres moyens qu'a le fisc anglais de rentrer dans ses droits sans aller tracasser les gens chez eux et leur faire des questions indiscrètes. Je n'en citerai qu'un. Il arrive très souvent que des procès se produisent à la suite de cessions de fonds de commerce. Dans ces cas-là, des déclarations de bénéfices en désaccord avec celles qu'a reçues le fisc reçoivent la publicité de l'audience ; les agents de l'*Inland Revenue* ne manquent jamais de tirer parti de ces révélations.

Outre les fausses déclarations qui font perdre de l'argent au fisc, il y a celles qui lui en font gagner : l'antidote à côté du poison. Oui, quelque étrange que cela paraisse, il y a en Angleterre des gens, et le nombre en est considérable, qui déclarent tous les ans un revenu supérieur à celui qu'ils ont réellement. De même qu'on voit en France beaucoup de médecins laisser traîner de l'or dans des sébiles habilement disséminées dans leur cabinet de consultation, de même en Angleterre un grand nombre de médecins, d'avocats, de dentistes, d'ingénieurs, d'architectes, etc., s'attribuent un revenu qu'ils n'ont pas. C'est des deux côtés du détroit le même charlatanisme de métier pour faire croire à une nombreuse clientèle. Il y a aussi des commerçants qui ne déclarent jamais un plus haut revenu que lorsque l'année a été mauvaise.

Ces fausses déclarations en plus sont même assez nombreuses pour justifier cette réflexion humoristique de mon ami le fonctionnaire de l'*Income Tax* : « Il est convenu qu'en musique une blanche vaut deux noires ; il ne faut pas en conclure que deux nègres font un blanc, ni que deux fausses déclarations en fassent une sincère ; mais une longue expérience me confirme dans l'opinion que, l'un portant l'autre, le fisc ne perd pas grand'chose. »

Je crois en avoir assez dit pour que tout lecteur de bonne foi puisse juger par lui-même que l'impôt sur le revenu en Angleterre n'est pas plus que les autres, ni même autant que beaucoup d'autres, un impôt inquisitorial. Pendant un séjour de vingt-six ans dans le Royaume-Uni, où je connais bien du monde, je n'ai jamais connu, ni vu, ni entendu parler de qui que ce soit qui se plaignît de l'inquisition de l'impôt sur le revenu.

VIII

Conclusion.

Enfin, autre objection plus ridicule encore que les autres, les adversaires de l'impôt sur le revenu lui reprochent — *son impopularité*. A les entendre, cet impôt ne serait pas *populaire*. Or, tout le monde sait que le grand objectif de la politique de ces messieurs, c'est de ne voter que des lois qui soient *populaires*, et de n'appliquer que des impôts *populaires*.

En fait de lois, ne nous ont-ils pas donné tout dernièrement la loi sur le renouvellement du privilège de la Banque de France, et la loi sur les sucres? lois dont le besoin se faisait vivement sentir, et éminemment populaires, comme chacun sait. Leurs aînés n'avaient-ils pas voté la loi *populaire* du monopole des allumettes, et cette loi militaire aux modifications si *populaires*, qui permettent de renvoyer au bout d'un an de service les fils à papas bourgeois, tandis que les fils de paysans et d'ouvriers tirent jusqu'au dernier jour la chaîne de leurs trois ans de service? A la bonne heure! ce sont-là des lois populaires, et bien dignes d'arrêter l'attention de nos législateurs bourgeois.

Et pour les impôts, parlez-moi des patentes, qui font la joie des commerçants ; de la taxe militaire que la France a accueillie comme une délivrance ; de l'impôt des portes et fenêtres, si cher à tous les citoyens ; des journées de prestation, qui font pâmer d'aise les paysans, et des octrois, ce gage du bonheur ineffable des ouvriers des villes. Voilà des impôts populaires, — vraiment populaires, en effet, — car c'est le peuple qui en fait tous les frais.

On l'a souvent répété : « Il n'y a pas de bons impôts, il » n'y a que des impôts supportables »; et de tous les impôts, le plus supportable est celui qu'on ne paye pas. C'est justement pour cela que l'impôt sur le revenu a les meilleures chances d'être un impôt populaire ; car, frappant une minorité possédante et privilégiée, il ne saurait manquer d'être bien accueilli par la majorité besoigneuse et exploitée.

Mais au lieu d'arguments, c'est par des faits que j'ai répondu aux autres objections; par un fait aussi vais-je réfuter celle-ci.

En 1874, M. Gladstone, alors premier ministre, voyant s'effriter sa majorité libérale, obtient la dissolution du Parlement, et fait appel au pays. Désireux de s'assurer les suffrages de la classe moyenne, qui semblait tourner au conservatisme, il cherche à la gagner en lui promettant dans son manifeste l'abolition de l'impôt sur le revenu. Eh bien! M. Gladstone ne fut jamais plus complètement battu qu'en 1874. Il lui fallut attendre six ans, jusqu'en 1880, pour revenir au pouvoir; tandis qu'en 1887, même après que la question du *Home Rule* irlandais eût amené la disruption du parti libéral, il ne resta éloigné que cinq ans du pouvoir.

Certes, si l'impôt sur le revenu est un impôt aussi impopulaire qu'on veut bien le dire, la nation anglaise doit être drôlement constituée, puisqu'elle n'a pas trouvé de meilleure manière de témoigner son horreur de l'impôt sur le revenu, que d'envoyer se reposer pendant six ans, comme chef de l'opposition, l'homme d'Etat qui en proposait l'abolition.

Par contre, ce fut le ministère conservateur de 1874, présidé par Mr Disraéli, qui éleva à £ 150 (3.750 fr.) le chiffre au-dessous duquel le revenu serait exempt d'impôt, et fixa à £ 400 (10.000 fr.) le chiffre au-dessous duquel le revenu aurait droit à une remise qui fut portée à £ 120 (3.000 fr.). Cette réponse du ministère conservateur de de Mr Disraéli au manifeste de M. Gladstone ne prouve-t-elle pas mieux que tous les arguments que, s'il y a eu en Angleterre un impôt impopulaire capable d'influencer les élections, ce n'est certainement pas l'*impôt sur le revenu*.

Donc, l'impôt sur le revenu n'est ni inquisitorial, ni impopulaire. J'ai déjà prouvé qu'il ne fait pas fuir les capitaux et qu'il ne frappe pas les petits revenus au profit des gros. Que reste-t-il donc des objections élevées contre lui par les monopolistes de la finance et de la grande industrie et par les privilégiés de la grande propriété? Rien que la conviction de leur manque de sincérité et de leurs efforts désespérés pour maintenir intacte la jouissance d'un bien-être greffé sur la souffrance ouvrière et la misère paysanne!

Puissent ces lignes éclairer les petits contribuables de la ville et de la campagne! Puissent-ils comprendre que ce qui est vrai pour l'impôt sur le revenu est également vrai pour les autres réformes démocratiques! Puissent-ils voir que partout le travail, qui produit tout, voit son essor entravé par le parasitisme qui mange tout ! Ils sauront alors qu'ils ont dans leurs mains leur propre salut, et, choisissant leurs mandataires parmi les défenseurs du travail contre les défenseurs du parasitime, ils assureront l'émancipation des travailleurs, paysans ou urbains, par l'avènement de la vraie République du peuple, de la République démocratique et sociale.

Léo MELLIET

Bordeaux. — Imp. du Midi, 91, rue Porte-Dijeaux.

www.ingramcontent.com/pod-product-compliance
Ingram Content Group UK Ltd.
Pitfield, Milton Keynes, MK11 3LW, UK
UKHW020419220726
13923UKWH00005B/2047

9 782019 295486